AF554788

# ÉTAT DE LA QUESTION

DU

# CANAL DE SUEZ

*(Extrait de la* Revue Britannique, *numéro de mars* 1864.)

PARIS

AU BUREAU DE LA REVUE BRITANNIQUE,

RUE NEUVE-DES-MATHURINS, 34.

1864

TIMBRE IMPERIAL

# ÉTAT DE LA QUESTION

# DU CANAL DE SUEZ.

---

Le public qui, depuis bientôt dix ans, suit avec intérêt et encourage les efforts persévérants de M. de Lesseps, accablé de documents et de faits contradictoires, s'est ému des nouvelles difficultés suscitées à la Compagnie du canal de Suez. Cette question intéresse sous une foule de rapports un recueil international comme la *Revue Britannique*. Nous nous proposons d'examiner quelle a été la situation faite à la Compagnie, quelle a été son attitude, quel sera le résultat de cette campagne.

Le 6 avril dernier, paraissait une dépêche adressée par la Sublime Porte aux cabinets de Paris et de Londres, dans laquelle le gouvernement ottoman, s'associant à la politique jalouse de l'Angleterre, mettait au jour un plan d'attaque des plus complets. En effet, après avoir subordonné son autorisation des travaux de l'isthme de Suez à un certain nombre de conditions : la neutralité du canal, l'abolition du travail forcé et l'abandon par la Compagnie des terrains et canaux d'eau douce qui lui ont été concédés, la Porte déclare que, « une fois ces trois points décidés, le gouvernement de S. M. le sultan, d'accord avec S. A. Ismaïl-Pacha, s'empressera de prendre en *sérieuse considération chacun des autres articles du projet de contrat.* » Elle ajoute que, « dans le cas où la Compagnie ne voudrait pas continuer les travaux sans des avantages qui ne pourraient pas lui être concédés, alors ladite Compagnie devra *naturellement* céder les ouvrages qu'elle a déjà commencés et tous les travaux qu'elle retient comme propriété. »

Voici la manœuvre anglo-turque dévoilée : on propose à la Compagnie des conditions considérées comme inacceptables, puisqu'on prévoit le cas où elle devra renoncer à son œuvre, et on s'empare de l'affaire ; ou bien, après avoir obtenu les concessions demandées, on arrache à la Compagnie ses derniers avantages par lambeaux.

Lorsque cette dépêche parut, un tollé général l'accueillit ; chacun reconnut la pensée de l'Angleterre, et l'on crut qu'une semblable prétention s'était détruite elle-même. Il était donc urgent de donner à ces attaques une nouvelle forme. On sut amener le vice-roi à en assumer la responsabilité et à reprendre pour son propre compte, dans des négociations particulières entre son gouvernement et la Compagnie, les réclamations qui avaient fait l'objet de la note diplomatique.

Nubar-Pacha vint à Paris, chargé de cette mission auprès de M. de Lesseps. Le conseil d'administration de la Compagnie, jaloux de maintenir ses droits et de sauvegarder les intérêts qui lui ont été confiés par quarante mille actionnaires, repoussa énergiquement ces propositions, en motivant son refus sur les inconvénients essentiels qui en résulteraient pour l'affaire.

Cette résolution sage et modérée laissait la porte ouverte à de nouvelles négociations ; nous en trouvons la preuve dans ce passage : « La Compagnie n'en est pas moins disposée à montrer sa profonde et sympathique déférence pour Son Altesse, en se prêtant aux sacrifices pécuniaires qui n'atteindraient pas son œuvre au cœur. »

Mais, sur ces entrefaites, les articles de M. Forcade dans la *Semaine financière* et la publicité donnée par Nubar-Pacha à une consultation de MM. Odilon Barrot, Dufaure et J. Favre, qu'il répand à profusion dans la France entière, ne tendaient à rien moins qu'à contester à la Compagnie la légalité de son existence. On disait aux actionnaires : « Vous n'existez que par tolérance ; faites donc ce que nous vous demandons ; vous serez ruinés, mais peu importe si vous périssez dans la légalité. » Ces manœuvres ont été déférées aux tribunaux, qui ont reconnu le préjudice qu'elles avaient porté à la Compagnie. Le jugement intervenu dans le procès contre Nubar-Pacha établit en même temps que M. de Lesseps, en publiant la demande judiciaire formée contre son adversaire, lui a causé un dommage équivalent, selon le tribunal, à celui qu'il avait éprouvé lui-même. S'il est vrai toutefois que l'on puisse établir quelque compensation entre le tort causé à un simple particulier et le tort que celui-ci a pu faire à une Compagnie qui représente les intérêts et les capitaux de plusieurs, et cela pour une somme considérable, nous ne saurions nous étonner que M. de Lesseps, en butte aux attaques les plus dangereuses, ait senti la nécessité de parer sur-le-champ les coups qui lui étaient portés.

Passons donc en revue les arguments sous lesquels cette opposition a cherché à se dissimuler :

1° *M. de Lesseps n'est pas le mandataire de S. A. le vice-roi, et par conséquent, lorsqu'il a constitué la Compagnie en cette qualité, il s'est attribué une fausse qualification.*

On pourrait à la rigueur admettre cette opinion, si l'on ne consulte que le premier firman de concession de 1854, qui donne à M. de Lesseps « *pouvoir exclusif* de constituer et de diriger une Compagnie universelle pour le percement de l'isthme de Suez. » Mais toute espèce de doute doit cesser si l'on observe que, le 5 janvier 1856, un acte nouveau et définitif de concession s'exprime en ces termes dans son article 20 : « Indépendamment du temps nécessaire à l'exécution des travaux, mon ami et *mandataire*, M. Ferdinand de Lesseps, présidera et dirigera la Société, etc. »

2° *Tant que l'autorisation de la Porte n'est pas accordée, la position de la Compagnie n'est pas légale.*

On justifie cette intervention de la Porte en citant la restriction suivante, contenue dans le premier firman : « La concession accordée à la Compagnie universelle devant être ratifiée par S. M. I. le sultan, je vous remets cette copie pour que vous la conserviez par devers vous. Quant aux travaux relatifs au creusement du canal de Suez, ils ne seront commencés qu'après l'autorisation de la Porte. »

Cette fois encore, le second firman, qui, dans son article 23, rapporte toute disposition antérieure contraire au présent acte, est suivi d'un rescrit dans lequel le vice-roi dit : « Quant aux travaux relatifs au percement de l'isthme, la Compagnie pourra les exécuter elle-même, dès que l'autorisation de la Sublime Porte *m*'aura été accordée. »

C'est donc le vice-roi qui, par un acte de déférence vis-à-vis de son suzerain, désire s'entendre avec lui pour l'exécution d'un travail important; c'est lui qui traite avec la Porte; c'est lui aussi qui est juge du moment où il devra laisser les travaux suivre librement leur cours. On ne saurait prétendre que la Compagnie eût un contrôle à exercer sur les relations du vice-roi avec son suzerain. Son Altesse, de son côté, à laquelle les traités donnaient le droit de faire sur son territoire toute espèce de travail intérieur, pouvait se contenter de voir le gouvernement ottoman approuver en principe, dans diverses déclarations, l'utilité de l'œuvre qu'elle entreprenait. C'est ainsi que Saïd-Pacha put aider les efforts de la Compagnie. C'est dans la même conviction qu'Ismaïl-Pacha, à son avénement et au retour de son voyage d'investiture à Constantinople, réglait le mode des versements auxquels son gouvernement était tenu comme actionnaire et prenait à sa charge la partie du canal d'eau douce qui avoisine le Caire. Ces deux princes ne se seraient certainement pas compromis au point de participer ostensiblement à une entreprise dont ils n'auraient pas reconnu la constitution régulière, s'ils avaient cru leurs actes soumis à l'appréciation, au caprice ou au mauvais vouloir du sultan, entouré lui-même d'influences étrangères. La question politique de neutralité du canal regarde seule la Turquie, qui peut provoquer à ce sujet l'entente des puissances.

Ce n'est donc pas dans une négociation engagée entre la Compagnie et le gouvernement égyptien que se justifie l'intervention de la Porte; il s'agit uniquement d'étudier les liens existant entre les parties.

3° *Le décret par lequel Saïd-Pacha s'engageait à fournir un nombre d'hommes suffisant pour les besoins du travail serait contraire aux principes de l'humanité et ne serait qu'un* décret réglementaire *et une* mesure de police.

Or l'article 4, en disant que « la police des chantiers sera faite par les officiers et agents du gouvernement égyptien, » montre simplement, de la part de la Compagnie, un désir manifeste de ne nuire en rien à l'autorité locale et de ne pas se départir de son caractère égyptien. Le préambule du décret explique textuellement qu'il a été fait *d'accord* avec M. Ferdinand de Lesseps, fondateur de la Compagnie. En tout cas, c'est sur la foi de ce décret, ayant servi de base au devis des dépenses de la commission internationale, que le capital social a été fixé à 200 millions et que ce capital a été souscrit : un gouvernement loyal ne saurait changer les conditions du contrat ; il ne lui est pas permis d'avoir réuni des actionnaires pour leur faire un jour supporter les frais de sa fantaisie. Qu'on ne nous objecte pas qu'il s'agit ici d'une question d'humanité : les fellahs n'étaient jusque-là rétribués qu'à coups de bâton ; la Compagnie de Suez a l'honneur d'être venue la première leur apporter le bien-être et leur dire : Vous êtes des hommes. Et ce n'est même pas la question de principe qui est en jeu, puisque, dans les propositions formulées par Nubar-Pacha, il n'est parlé que de « la réduction du nombre actuel des ouvriers au chiffre de six mille hommes, » sous le seul prétexte des intérêts du pays et de l'agriculture.

La Compagnie n'a pu d'ailleurs mieux prouver ses sentiments qu'en répondant à la demande du gouvernement égyptien : « Qu'elle propose que, par une enquête consulaire ou par tout autre procédé impartial et contradictoire, on constate quel est actuellement le salaire moyen des terrassiers en Egypte, et qu'elle s'engage, en renonçant à se prévaloir, en ce point seulement du règlement de 1856, à hausser ses salaires, si le cours moyen réellement existant est plus élevé que le prix fixé par le règlement sur l'organisation du travail dans l'isthme ; et cela sans réclamer aucune atténuation dans les autres charges qui lui sont imposées par ledit règlement. »

4° *La Porte voit une atteinte à l'intégrité de l'empire dans la concession faite à la Compagnie des terrains cultivables de l'isthme; elle voudrait que le gouvernement égyptien retirât cette concession en indemnisant la Compagnie des dépenses faites pour les canaux d'eau douce, qu'il reprendrait également et se chargerait de terminer.*

Nous avons vu que les engagements pris par le vice-roi ne sauraient être modifiés par la volonté du sultan. Or, une fois cette intervention écartée, chacun reconnaît que les terrains appartiennent régulièrement à la Compagnie. C'est l'avis même de MM. Odilon Barrot, Dufaure et J. Favre, qui s'expriment ainsi sur ce point : « Nous sommes ici en présence d'une convention véritable, où les obligations sont réciproques et respectivement obligatoires. » Mais ces jurisconsultes arrivent à une conclusion différente de la nôtre par l'interprétation, erronée selon nous, qu'ils font des droits de la Porte.

Quant à la compensation qui consisterait à terminer les canaux d'eau douce, elle était fort illusoire, puisque, à la fin de 1863, la Compagnie terminait cette partie de son œuvre, ramenant la vie au désert, et conduisant le Nil jusqu'à Suez.

Enfin, pour donner plus de force à leurs théories, les adversaires de l'entreprise ont cherché à faire croire, d'une part, que le gouvernement de l'Empereur obligeait la Compagnie à consentir aux propositions de Nubar-Pacha, et de l'autre, que M. de Lesseps marchait seul, imprudemment, dans une voie où il était abandonné par ses actionnaires.

Deux faits ont démenti ces assertions : le banquet offert par les actionnaires de Suez au conseil d'administration et présidé par S. A. I. le prince Napoléon, et l'assemblée extraordinaire du 1er mars, convoquée pour délibérer sur le rejet des propositions de Nubar-Pacha.

Dans la première de ces démonstrations, l'enthousiasme de quinze cents convives a suffisamment montré l'accord qui règne parmi tous les membres de la Compagnie ; et le discours du prince nous a éclairés sur le genre d'intervention que peut exercer notre gouvernement.

Dans cette éloquente, chaleureuse et patriotique allocution, le prince a déclaré que Nubar, en venant à Paris, voulait « essayer de jeter le désordre parmi les actionnaires. »

Il a abordé avec élévation tous les points, il a montré que les propositions de Nubar n'étaient qu'une série de prétextes anglais pour faire passer cette belle entreprise dans les mains de l'Angleterre.

C'est là une grande manifestation ; nous aimons avec le prince « ces habitudes d'un pays libre, où l'on vient parler de ses affaires à la face de tous, au grand jour. » Nous le félicitons hautement de la généreuse action qu'il a faite en disant courageusement à de grands intérêts attaqués : « Persévérez, vous avez le droit pour vous, vous avez des traités avec le vice-roi ; on a beau vouloir les briser, la rupture d'un contrat ne dépend pas de l'une des parties seules. Exigez-en l'application, il n'y a pas de danger. »

En résumé, le prince a complétement approuvé la marche suivie par la Compagnie ; s'il l'a engagée à la modération, il a montré qu'elle avait à attendre du gouvernement français, non pas une pression, mais un appui : « Si vous suivez cette voie ferme et conciliante, a-t-il dit, tâchez de vous entendre d'abord directement avec le vice-roi ; et si tout échoue, s'il vous demande ce que vous ne devez et ne pouvez pas céder, et s'il veut vous opprimer sous la menace de la Porte, alors adressez-vous au gouvernement de l'Empereur. Il faut que tout cela se passe par la voie régulière et officielle du ministère des affaires étrangères, et non par ceux qui sont étrangers à vos affaires. »

Ces paroles ont dû retentir de l'autre côté du détroit. L'Angleterre, qui sait respecter chez elle, et c'est un de ses grands mérites, l'expression de l'opinion publique, parce qu'elle en comprend la force irrésistible, ne saurait la nier chez ses voisins. Elle ne devrait plus conserver l'espoir de réussir dans son opposition au canal, en présence d'une semblable démonstration. Cette réunion d'hommes qui consacrent, avec une égale énergie, les uns leur dévouement et leur intelligence, les autres leurs épargnes à l'accomplissement d'une grande idée, devrait ouvrir les yeux au gouvernement anglais. Il a lu ces paroles du prince : « Ne vous imaginez pas que l'Angleterre viendrait combattre contre l'isthme de Suez. Ce sont là des arguments, ce ne sont pas des raisons ; cela n'est pas vrai, et c'est ici que j'aime à rappeler la distinction que je faisais tout à l'heure entre le peuple anglais et son gouvernement... S'il l'osait (il ne l'osera jamais), ce n'est pas nous qui aurions à nous défendre contre lui, c'est lui qui aurait à se défendre contre le peuple anglais ! » Lorsque les Anglais ont entendu l'écho des applaudissements qui ont suivi ces mots, ils auraient dû comprendre que l'œuvre universelle, un instant devenue uniquement française par suite de leur aveuglement, n'a pas encore perdu son caractère international, et, s'associant aux efforts généreux de la France pour exécuter une entreprise dont ils seront les premiers à profiter, ils auraient alors levé tous les inutiles obstacles mis en avant à Constantinople.

Quel est au contraire le langage de certains journaux anglais ? Le *Daily Telegraph*, entre autres, qui passe pour un organe de lord Palmerston, s'exprime ainsi : « Son Altesse Impériale peut être bien convaincue que l'aversion qu'éprouve notre cabinet contre le canal n'est pas seulement ressentie par le cabinet, mais encore par notre pays. Un léger examen de la question et un peu de respect pour l'histoire devraient lui suffire sur ce point important. L'Egypte est la route de l'Inde ; l'Inde nous appartient et l'Egypte ne doit pas appartenir à d'autres qu'à nous. Ce raisonnement peut paraître singulièrement égoïste, mais il est facile à comprendre : il n'est pas de nation à laquelle il ne soit permis de penser exclusivement à ses intérêts. »

D'autres feuilles, telles que le *Daily Journal* et le *Daily Express*, de Newcastle, affectent un langage plus conforme aux véritables intérêts de la Grande-Bretagne. Selon le *Daily Journal*, « il n'est pas douteux que le gouvernement anglais ne regrette maintenant d'avoir été égaré par son chef, et de ne s'être pas uni aux Français pour exécuter ce passage maritime à travers l'isthme de Suez ; malheureusement, ce regret est trop tardif. »

Nous faisons des vœux pour que cette opinion, digne d'une grande nation, finisse par triompher. Nous ne croyons pas, en effet, qu'il soit trop tard.

L'assemblée des actionnaires du 1er mars a donné, par son ensemble et l'unanimité de ses décisions, une force immense au conseil d'administration de la Compagnie, qui a obtenu un vote d'approbation pour le passé et de confiance pour l'avenir.

M. de Lesseps a révélé d'ailleurs dans son rapport une situation nouvelle qui nous paraît devoir rendre certain le succès de son entreprise. Voici comment il s'exprime : « Nous sommes autorisé à vous annoncer qu'en réponse aux communications qui lui ont été faites, le vice-roi a déclaré qu'il s'en rapportait complétement à l'Empereur pour régler amiablement et définitivement toutes les questions en litige, et que Sa Majesté a daigné se charger *personnellement* de la suprême décision de toutes ces questions. »

Les vives acclamations qui ont suivi ces paroles montrent

quelle est la grandeur du rôle que l'Empereur a daigné accepter. Ce sera une des gloires de son règne d'avoir établi la solidité d'une œuvre déjà française par l'initiative et par les capitaux, ainsi que les conditions politiques qui se rattachent à cette grande question.

Le *Moniteur universel* du 8 a déjà publié un rapport du ministre des affaires étrangères à l'Empereur, conforme à la déclaration de M. de Lesseps, et à la suite duquel Sa Majesté a nommé, pour éclairer sa décision, une commission composée de MM. Thouvenel, Suin, Mallet, sénateurs, Duvergier, conseiller d'Etat, Gouin, député. Il suffit de citer des noms aussi honorables pour savoir quel patriotisme guidera les délibérations de ces hommes éminents.

Les bases de cette modification des contrats antérieurs ont été précédemment indiquées par le prince Napoléon : payement par le vice-roi de la différence entre le prix du travail par des fellahs tel que le gouvernement égyptien l'avait organisé, et l'augmentation qui résultera de l'emploi d'ouvriers européens ou de machines; rachat des terrains que la Compagnie consentira à céder, tout en assurant les conditions d'existence des établissements du canal maritime, tant pendant la durée de la construction que pendant la durée de l'exploitation. C'était aussi la pensée de M. de Lesseps lorsqu'il répondait au prince : « La conciliation ! nous la voulons, nous l'appelons comme vient de le faire notre noble protecteur, mais telle qu'il l'a définie lui-même : *avec la reconnaissance des droits acquis, avec le maintien des contrats, avec le respect de la foi publique, avec la satisfaction des intérêts confiés à notre honneur.* »

Ainsi, en parfaite harmonie avec le gouvernement égyptien, débarrassée de l'opposition de la Turquie, entourée, nous l'espérons, des garanties résultant de la neutralisation internationale du nouveau détroit des deux mers, la Compagnie pourra, grâce à cette nouvelle phase, se livrer exclusivement au travail ; et, dans quatre ans, à l'aide des contrats qu'elle vient de passer avec des entrepreneurs distingués, elle aura transformé le commerce du monde en ouvrant le passage du canal maritime à la grande navigation.

R. B.

---

Paris. — Typographie Hennuyer et fils, rue du Boulevard, 7.

www.ingramcontent.com/pod-product-compliance
Lightning Source LLC
LaVergne TN
LVHW010410240826
846091LV00020B/3515

* 9 7 8 2 0 1 1 7 7 3 6 6 1 *